LA VENTA PERFECTA

Como aumentar las visitas, ventas y ganancias usando el embudo de ventas en 6 pasos

- Cesar Pietri -

www.EscuelaDeMarketingDigital.com

INTRODUCCIÓN

¿Tienes ganas de empezar tu propio negocio en Internet?

¿O tus ventas se han estancado, quizás porque no cuentas con una buena estrategia de marketing?

Para todo el que quiera hacer su camino en el mundo del comercio online, ha sido pensado **EL EMBUDO DE VENTA**.

Aquí hablaremos sobre cómo es el proceso de venta a través de Internet, utilizando un "embudo de venta". Sabemos que el embudo es un instrumento que sirve para filtrar determinados materiales. Llevado a los negocios, esto es lo que haremos: ir seleccionando y atrayendo, de todos los usuarios de Internet, aquellos que se pueden convertir en clientes.

Paso a paso, iremos explicando cómo ir planeando los pasos de la venta en nuestro sitio web. Y no solo eso: la mayor parte del trabajo nos tocará ahora, pero después, el proceso se ejecutará de manera automática. Aprenderemos a hacer las cosas de tal manera que nuestra página vaya llevando sola al cliente por las etapas de la compra del producto.

Buscamos ofrecer una especie de manual que pueda ser utilizado por todo el mundo, no solo por los que tienen experiencia en marketing online, sino incluso por quienes lo único que tienen son ganas de emprender. Y esto es lo que más hace falta. El resto lo iremos haciendo juntos.

Queremos conseguir clientes nuevos pero no perder a los antiguos.

Queremos hacernos un nombre entre los muchos que ya existen en la web y conseguir que nuestra marca sea la elección de la mayoría. Entonces, mejor continuar leyendo...

Tabla de contenido

Acerca de mi

Todo comenzó alrededor del año 1999 en aquel entonces me encontraba en mis últimos años de la carrera de informática y comenzaba a realizar algunas páginas web para aprender como funcionaba. En aquella época todo lo realizaba en HTML y ni pensaba en la existencia de bases de datos, contenido dinámico, etc...

Al cabo de algunos años alrededor de abril del 2004 comencé a tener nuevas inquietudes sobre nuevas funciones dentro de mi web y comencé un proyecto personal. Era un directorio de empresas relacionadas a la construcción, con ese proyecto puse en práctica mis conocimientos sobre ASP y bases de datos.

Luego de algunos meses comencé a ver un aumento de visitas a la página y entonces sucedió algo inesperado...

Al revisar mi buzón de correo electrónico tenía un mensaje de una empresa ubicada en

Colombia, que había encontrado mi sitio web y quería contratar un espacio publicitario.

Ese mensaje marco un punto de inflexión en mi vida, me hizo entender las posibilidades y el alcance a nivel mundial que ofrecía internet.

Desde ese momento supe cuál era el camino que debía tomar…

Seguí formándome en herramientas de diseño web, pero lo más importante es que comencé a buscar información sobre como promocionar y hacer marketing por internet.

En aquella época la información era un poco escasa ya que no existían tantas herramientas ni tutoriales como las que existen hoy en día, sin embargo, hice algunas pruebas optimizando la web y creando mi primera lista de suscriptores.

Desde entonces he sabido lo importante que es para cada negocio una buena estrategia de marketing por internet, ya desde aquel momento tome en cuenta tres factores claves.

- Poder analizar el tráfico que llega a tu web
- Tener contenido de calidad que atraiga visitantes

7

- Y una forma para poder entrar en contacto con tus visitantes

Como ya lo comenté en el 2004 no eran muchas las herramientas que existían, sin embargo, logré tener algo tan sencillo como un pequeño código que me contaba las visitas a mi web.

Logre programar un sencillo gestor de contenido para escribir artículos y noticias.

Incluí una casilla para suscribirse a mi boletín electrónico.

Todo esto no era muy sofisticado, pero me ayudo lo suficiente a generar ese primer negocio online.

Hoy todo esto se ha vuelto más complejo y la información que podemos analizar es muchísimo mayor y más al detalle, los gestores de contenido de hoy nos permiten hacer prácticamente todo lo que necesitas dentro de tu web y las herramientas que nos permiten entrar en contacto con nuestros visitantes tienen cientos de funciones y ofrecen toda la información que necesitas para conocer muy de cerca a tu cliente potencial.

Como te habrás dado cuenta ha sido muy largo el camino que he recorrido durante estos últimos años, pero lo mejor de todo es que me han servido para tener el conocimiento necesario para ayudarte a conseguir el éxito en tu negocio.

Y es por este motivo que estoy aquí listo para llevarte de la mano durante todo un proceso que es prácticamente mágico y que te ayudara a conseguir ese nuevo cliente para tu empresa.

Ahora cierra los ojos por tan solo algunos segundos e imagina lo que va a ser tu negocio cuando tengas un sitio web que atrae nuevos visitantes, los convierte en suscriptores con los que puedes entrar en contacto hasta que confían en ti o tu servicio lo suficiente para convertirse en clientes.

Desde ese momento son seguidores fieles que te compran una y otra vez.

Y están tan contentos que te recomiendan y traen nuevos clientes…

¿Te imaginas teniendo siempre nuevos clientes?

Ahora abre los ojos...

¡Y no sigas imaginando, estas a tan solo un paso de convertir ese sueño en realidad!

Toda esta experiencia acumulada a lo largo de los años me ha servido para ofrecer mis conocimientos a clientes de todo el mundo, ya sea para pequeños proyectos, dando formación, asesorando a otros emprendedores o sencillamente ofreciéndole algún producto o servicios. He tenido clientes en países como Australia, Brazil, Chile, España, Estados Unidos, Panamá, México, Suiza y sitios tan remotos para mi como Vietnam.

De seguro se me escapara algún otro, pero de memoria estos son los que recuerdo y lo mejor de todo es que todos estos clientes los he atendido desde la comodidad de mi hogar donde tengo habilitada una pequeña oficina.

También he tenido la oportunidad de colaborar con otros emprendedores y formar en Cámaras de comercio y Escuelas de negocios.

Además de esto escribo una columna sobre marketing digital en un periódico local y he publicado un par de libros sobre el tema.

Etapa 1 – ¿Por dónde empezamos?

OBJETIVOS DE ESTA ETAPA: Sencillamente ¡hay que empezar por el principio! Para hacer bien algo, primero hay que saber cómo hacerlo. Para eso intentaremos obtener una visión general del embudo de ventas, luego conoceremos los tipos de productos a ofertar y finalmente aprenderemos a generar tráfico a nuestra oferta de entrada.

Aunque sabemos que todo el proceso de venta es muy importante para el éxito de nuestro negocio, la etapa 1 resulta **FUNDAMENTAL**: se trata, ni más ni menos, del momento de generar las visitas necesarias para que nuestro embudo siga vivo.

En este manual trabajaremos con un proceso de venta de 6 etapas. Para que se desarrolle satisfactoriamente, vamos a necesitar 3 productos distintos:

1. Un *producto de entrada*
2. Un *producto de nivel medio*
3. Un *producto estrella*

Ahora bien ¿de qué hablamos cuando hablamos de...

...producto de entrada?

El *producto de entrada* es aquel que nos va a ayudar a segmentar o definir quiénes son las personas que, potencialmente, pueden sentirse atraídas por nuestro nicho de mercado. En esta primera instancia, el producto tiene que ser algo que se entregue en forma gratuita, pero que al mismo tiempo tenga mucho valor para nuestros futuros clientes. A su vez, debe ser un producto replicable: recordemos siempre que este embudo tiene que estar configurado de manera que todo pueda funcionar en forma automática.

A continuación, anotaremos algunas ideas de *productos de entrada* para tentar a los posibles consumidores:

- Videos
- Podcasts
- Libros electrónicos
- Casos de estudio
- Guías de solución de problemas

Ideas De Productos De Entrada

- Videos
- Podcasts
- Libros electrónicos
- Casos de estudio
- Guías de solución de problemas

Los clientes que hayan descargado el *producto de entrada*, quedarán añadidos a nuestra base de datos, separándolos de los visitantes que no descargaron nada. De esta manera, obtendremos una primera lista segmentada de aquellos usuarios que están interesados en lo que hacemos. Sin embargo, no basta con captar el interés del cliente: ¡hay que mantenerlo!

Una de las grandes diferencias entre un proceso de venta online y uno offline, es que en un negocio físico los posibles clientes pueden VISITAR una tienda o una oficina y HABLAR CARA A CARA con un vendedor. Esto les da sensación de seguridad y los induce a confiar en la compañía; sin embargo, las tiendas online no disfrutan de esa ventaja. Entonces ¿cómo hacemos nosotros para generar esa confianza? Debemos seguir enviando información de valor a modo de correo electrónico, para que el prospecto siga aprendiendo sobre nuestro sector y nos considere un experto en el área.

...producto de nivel medio?

Una vez que hayamos enviado una serie de correos que aporten información novedosa al futuro cliente, pasaremos a ofrecer nuestro

producto de nivel medio. Su valor no debe ser demasiado alto; lo que buscamos es, fundamentalmente, que el prospecto dé otro salto y pase de ser un **SEGUIDOR** a ser un **CLIENTE**.

En este apartado dejaremos apuntadas algunas ideas que pueden funcionar como *productos de nivel medio*:

- Webinar en vivo
- Grabaciones de webinar/conferencias
- Cursos en video

Ideas Que Pueden Funcionar Como Productos De Nivel Medio

- Webinar en vivo
- Grabaciones de webinar/conferencias
- Cursos en video

...producto estrella?

ESTA es la venta que queremos realizar desde el principio: ESTE es el producto que nos va a generar los ingresos deseados.

Debemos tener en cuenta que la única misión de los productos de entrada y de nivel medio era, sencillamente, segmentar a nuestros clientes potenciales. En el *producto de entrada* descubrimos quiénes estaban interesados en nuestro sector, tanto como para dejarnos sus datos y permitir que los contactáramos con envíos de información automática. En el *producto de nivel medio*, ya habíamos logrado generar confianza en el consumidor: entonces, supimos concretamente qué prospecto estaba dispuesto a gastar dinero en nosotros.

Así, para la instancia del *producto estrella* ya tenemos una lista filtrada con gente que cree en nosotros...Y por eso, está dispuesta a sacar su tarjeta de crédito y comprar nuestros productos. Es ahora cuando vamos a ofrecer nuestro *producto estrella*.

Lo primero que debemos hacer es llevar TRÁFICO suficiente a nuestra primera oferta o producto de entrada. "TRÁFICO", así como normalmente designa la cantidad de automóviles que transitan por una calle, se refiere (en relación con Internet) a la cantidad de personas que pasan por nuestro sitio web. Pero… ¿cómo hacer para generarlo? A continuación comentaremos algunas de las herramientas más utilizadas.

HACER MARKETING CON ARTÍCULOS

El marketing de artículos o de contenido pertenece a una serie de estrategias de promoción web relacionadas con el *inbound* y *outbound* marketing. Básicamente, consiste en crear y distribuir contenido relevante para nuestros clientes potenciales con el fin de hacerlos llegar a nuestra página. No se trata de contenido meramente promocional pues debe tener valor en sí mismo, más allá del producto a promocionar.

Es importante tener en cuenta que sólo debemos crear **CONTENIDO ÚTIL**, porque así se viralizará. Los usuarios no son tontos: si leen información de calidad, lo primero que harán será compartirla en las redes sociales (por ejemplo, Facebook, Twitter, LinkedIn), pasarla por RSS o colgarla en otras webs.

Además, el generar buen contenido nos ayudará a crear una imagen de profesionalidad: quedaremos como expertos en el sector, y esto nos hará ganar la fidelidad de los clientes a largo plazo. Para cuando queramos venderles un producto, ya tendremos generada la confianza necesaria. Ahora dejaremos anotados algunos consejos útiles al momento de generar contenido:

www.EscuelaDeMarketingDigital.com

- Estructurar el texto para una fácil lectura (ir segmentando el contenido con subtítulos, cuidar la división en párrafos)
- No intentar vender en los artículos (sólo hay que proveer información, y que sea útil)
- No duplicar contenido (los textos tienen que ser originales y creativos)
- Crear títulos interesantes y que llamen la atención (para que "enganchen" al lector)
- Incluir un enlace a tu web de destino, donde se encuentra la oferta de entrada (porque los artículos deben llevar sutilmente al visitante hacia el proceso de compra)
- Distribuir el contenido en directorios (así lograremos mayor difusión de nuestra web)
- Escribir en otros blogs del sector (con esto lograremos que se viralicen nuestros contenidos)

CREAR CONTENIDO QUE SEA EFICAZ

De acuerdo con el ritmo del mundo en que vivimos, Internet también es cambiante y dinámico. Y está diseñado para ser así. Las personas que visitan nuestra web quieren descubrir noticias interesantes, leer contenido nuevo lleno de ideas útiles y creativas, conocer las distintas promociones comerciales. Si la gente visita la plataforma y se encuentra siempre con los mismos artículos, creerá que la web está estancada o peor, que se encuentra abandonada, sin ningún tipo de servicio al cliente.

LA HOME O PÁGINA DE INICIO DE NUESTRO SITIO WEB es uno de los aspectos más importantes de la estrategia de marketing online, porque ni más ni menos, es su contenido lo que da a nuestro negocio una imagen, una MARCA identificable para los

clientes. Mientras más útil y profesional sea la información de la página de inicio, más credibilidad ganarán nuestros productos o servicios.

Frente a la TV, la radio, las revistas y los periódicos, los consumidores eligen informarse a través de Internet. Además de ser el medio de comunicación preferido por la mayoría, la web da la oportunidad de llegar a clientes potenciales en cualquier momento y lugar. Contamos con una gran ventaja frente a otros medios de comunicación, y tenemos que aprovecharla para promover nuestra propuesta, llegando a la posible clientela e influenciándola para que nos elija. Pero ¿de qué manera? He aquí el momento de hablar de los *componentes de buen contenido*.

Con *Componentes de buen contenido* nos referimos a todos los elementos necesarios para lograr contenido que los usuarios de Internet quieran leer. Este debe ser sobre todo INTERESANTE y ACTUAL, y estar BIEN ESCRITO. Tres componentes básicos de la receta ideal para lograr el tráfico que queremos en nuestro sitio web.

Cuando empecemos a escribir el contenido para nuestro sitio web, nos encontraremos frente a muchas decisiones, incluso antes de sentarnos ante el teclado o coger un bolígrafo. Y durante el proceso de escritura,

25

modificaremos a menudo muchas de las ideas que teníamos al comienzo. Estos cambios son normales, porque iremos desarrollando el contenido según las necesidades que vayan surgiendo, en paralelo con el ritmo de nuestro negocio. Y ante tal desorden ¿cómo organizar eficientemente todo lo que queremos escribir para que sea atrayente para los lectores, o más aún, cómo lograr escribir exactamente lo que ellos desean leer?

Para dar en el clavo (o mejor dicho tratándose de la web, "dar en la tecla") deberemos tomarnos el trabajo de averiguar lo que la gente está buscando en Internet y así poder enfocarnos en crear contenido sobre esos temas, siempre y cuando estén relacionados con los servicios o productos que ofrecemos.

Una de las formas de detectar lo que los internautas quieren, es estudiar a los competidores que aparecen entre los más buscados, en los primeros resultados de los motores de búsqueda como Google o Yahoo. Generalmente, los sitios web mejor clasificados utilizan técnicas SEO (Search Engine Optimizer u Optimizador para Motores de Búsqueda). Existe una gran variedad de recursos para optimizar nuestra página y hacer que sea mejor indexada; sin embargo, recomendamos aplicar sólo aquellos que mejoren lo que estamos escribiendo y resulten pertinentes para nuestros productos o servicios.

Lo que queremos decir, es que no debemos desesperarnos por figurar entre los primeros puestos de Google: hay que tener en cuenta que aunque un sitio puede estar hoy en la parte superior de los buscadores, no le llevará mucho tiempo volver a caer en las filas de las últimas webs. Muchas veces nos encontramos con páginas que están diseñados única y exclusivamente para aparecer en los primeros resultados de los motores de búsqueda. Esto significa que en ellas quizás solo hallemos contenido basura, que no contenga información útil para usuarios reales. ¿Cuántas veces hemos ingresado un tema en un motor de búsqueda y nos hemos encontrado con la desagradable sorpresa de que los principales puestos están llenos de artículos, pero ese contenido web no tiene nada que ver con el sitio donde está?

Por lo general, las personas que usan Internet buscan uno o más de los siguientes ítems:

- Entretenimiento
- Información
- Comunidades (Foros, redes sociales, grupos, etc.)

Entonces, si nuestro sitio web ofrece al menos uno de estos componentes, ya estaremos en el camino de atraer clientes potenciales y fidelizar a los clientes ya existentes. Pero ¡a no perder la calma! Mantener un sitio web fresco con nuevo contenido no tiene por qué ser una tarea abrumadora. Hoy en día existen técnicas eficientes con las que podremos tener nuestra página actualizada constantemente, sin perder mucho tiempo ni gastar demasiado en personal para que nos ayude.

UTILIZAR RECURSOS SEO (O DE POSICIONAMIENTO EN BUSCADORES)

La necesidad de generar tráfico para nuestro sitio, nos lleva a una necesidad anterior: la de alcanzar los MEJORES RESULTADOS posibles en los MOTORES DE BÚSQUEDA. Para que los usuarios se metan a nuestra página, primero es preciso que la encuentren. El tráfico es el componente esencial en el éxito de todos los sitios web, o campaña de marketing, independientemente de la industria a que nos dediquemos y el nicho al que estemos apuntando.

Sin un flujo constante de tráfico de calidad, tendremos pocas posibilidades de alcanzar el éxito en el lanzamiento de una campaña, la venta de productos o servicios o la construcción de una marca. De hecho, sin el tráfico nuestro sitio web no sirve a ningún propósito real, más allá de intereses personales o servir para mostrar nuestro trabajo a familiares y amigos.

Cuando se trata de hacer dinero en línea con nuestro propio sitio, necesitamos ofrecer un producto o servicio a una AUDIENCIA. Para que nuestra propuesta llegue a la mayor cantidad posible de personas, deberemos aprovechar nuestra base de destino público alcanzando la máxima exposición: tenemos que conseguir que nuestra página se haga conocida y la gente penetre en nuestro nicho de mercado. Como dijimos antes, que pase de ser USUARIO a CLIENTE.

Si apenas estamos incursionando en el mundo de los negocios en línea, podrá parecernos que el lanzamiento de nuestro sitio web es una tarea de proporciones enormes, intimidante. El torbellino de opciones que se nos presenta - estrategias de generación de tráfico, técnicas, programas- puede causarnos un mareo a la hora de decidir qué postura tomar o qué método elegir para obtener los mejores resultados.

Por eso hemos realizado esta *guía de tráfico*. El libro está escrito exclusivamente para aquellas personas que busquen **MAXIMIZAR SU EXPOSICIÓN WEB** con técnicas de probada eficacia. Lanzar nuestro sitio con menos costos y tiempo del que pensábamos, es posible. Todo lo que tenemos que hacer es seguir adelante e ir adoptando las medidas que vamos presentando durante el recorrido. Las estrategias que presentamos han sido probadas por los vendedores más exitosos en cada nicho del mercado online. Y no hay que entrar en pánico: todos los métodos enseñados en este curso son fáciles de implementar, independientemente de la experiencia que se tenga en marketing online.

Así que solo debemos sentarnos tranquilamente con una buena taza de café y leer...al cabo de pocos minutos, sabremos exactamente lo que tenemos que hacer para impulsar la calidad del tráfico dirigido a nuestra web, rápida y fácilmente.

Antes de comenzar a construir las campañas de generación de tráfico y de reclutarlo activamente (tanto a través de los principales motores de búsqueda como por medio de embudos de tráfico), tenemos que preparar nuestro sitio web. Con el fin de obtener los mejores resultados posibles debemos OPTIMIZAR nuestro sitio, para que seamos capaces de posicionarnos dentro de los MOTORES DE BÚSQUEDA y aparecer con más frecuencia cada vez que una persona introduce ciertas frases o palabras claves en el buscador.

La optimización de nuestro sitio web no solo nos ayudará a solidificar nuestra posición en los motores de búsqueda (como www.google.com o www.yahoo.com) sino que también nos servirá para retener a los visitantes durante más tiempo en la página. Este proceso no tiene por qué ser una larga pesadilla: con solo seguir unos sencillos pasos de esta guía, podremos lograr que nuestro sitio clasifique en los buscadores más importantes.

Para lograr este objetivo, lo primero que necesitamos es centrarnos en el *SEO in-situ*, que (a pesar de su nombre complicado) consiste en simples ajustes realizados dentro de las páginas y la estructura general de nuestro sitio web. Eso sí: hay que tener en cuenta que el *SEO in-situ* requiere de la optimización de todas las páginas de nuestro sitio web, no sólo la página de destino o la principal. Por eso aconsejamos optimizar adecuadamente el sitio web durante la fase inicial de desarrollo, en vez de tener que ir haciendo modificaciones en cada página después de haberla creado.

Ahora analizaremos...

Los elementos más importantes de toda estrategia de optimización

Tags: las etiquetas título

Las *etiquetas de título* son las que aparecen en la parte superior del navegador del usuario cada vez que este visita un sitio web. Por lo general incluyen un fragmento de información sobre el sitio, además de una descripción en cada una de sus páginas. ¿Cómo hacer para optimizar al máximo esta etiqueta? Lo importante es pensar en una frase clave primaria –que irá en el título de la home- e ir variando las palabras claves (o *keywords*) que se utilizarán en cada página del sitio por separado. De esta manera, en cada página aparecerá una frase distinta pero que contendrá siempre la palabra clave más importante. Por ejemplo, si nuestra página principal ofrece información sobre *"cómo entrenar a su perro",* el *tag* de título debería incluir la frase clave *"entrenar a tu perro".*

Editar las etiquetas de título es fácil, porque se puede hacer dentro del editor de HTML. Para eso deberemos buscar el soporte <title> e insertar dentro del área la frase que contenga las palabras clave. La mayor parte de los editores, por ejemplo Dreamweaver, ofrecen un método simple para añadir las tags y keywords. Solamente hace falta navegar en la ficha "Propiedades", que aparece en el mismo programa de edición.

Tags: las etiquetas cabecera

Las *etiquetas de cabecera* son muy fáciles de integrar en las distintas páginas. Nos daremos cuenta de que el texto se ha insertado dentro de una de estas tags porque el tamaño de la fuente será mayor y, a veces, las letras aparecen en negrita.

Las etiquetas en cuestión se identifican con la letra H (así, por ejemplo, en el editor de texto aparecerán como <h1> <h2> o <h3>). La diferenciación con las etiquetas de título (las cuales, como ya sabemos, se anotan como <title>) tiene sus razones de ser. En primer lugar, indica a los motores de búsqueda o rastreadores que el texto que se encuentra dentro de las etiquetas H debe identificarse como más importante que otro texto que aparece en la página, y en segundo lugar, ayuda a llamar la atención sobre un texto específico cada vez que arriba un visitante al sitio.

Así que siempre debemos asegurarnos de usar las *etiquetas de cabecera* de manera estratégica y no olvidarnos de incluir las frases de palabras clave dentro de la etiqueta <h1>.

Tags: la etiqueta imagen

Los motores de búsqueda que rastrean nuestro sitio web no pueden identificar el texto que se encuentra DENTRO de las imágenes. Entonces, dado que deseamos optimizar al máximo nuestra web, al incluir imágenes y gráficos que aparecen en las páginas deberemos insertar las *etiquetas de imagen*. Estas proporcionan una descripción de palabras clave relacionadas con lo que la imagen es en realidad, así como el ancla de texto por cada enlace, que se incluye tanto interna como externamente.

Prominencia de palabras clave y de proximidad

Es muy importante poder establecer qué tan cerca están unas palabras clave de otras. Para saber cuántos sitios web tienen una determinada frase clave en un orden exacto, se introduce en el buscador de Google la oración entre comillas. Generalmente, esos resultados son los que mejor clasifican cuando luego se busca la misma frase sin comillas.

¿Con qué sentido se investiga el orden de las palabras en una frase? Porque antes que nada, el motor de búsqueda intentará encontrar las palabras que el internauta colocó en el orden exacto en que lo hizo. Y esto significa que los sitios que tengan la oración en ese orden, aparecerán indexados entre los primeros puestos. Por esto es esencial que nos aseguremos de poner nuestras frases claves en el orden exacto en que deseamos que sean encontradas en Internet, como así también, utilizar las keywords en el título, las etiquetas y el contenido.

Finalmente, es importante tener en cuenta que las palabras claves principales siempre se muestran al inicio de un texto. Así, al crear el contenido deberemos cerciorarnos de que la frase clave aparezca en el primer párrafo.

Mapa del sitio

Al crear las diferentes secciones de nuestra web, debemos asegurarnos de que las páginas y subpáginas queden unidas con un menú de navegación simple. Comúnmente los sistemas de navegación se construyen con un *mapa del sitio*. Dicho de manera simple, un mapa es un archivo que detalla las diferentes áreas de nuestro sitio web, incluyendo las páginas interiores.

Algunos sitios que nos pueden resultar útiles al momento de generar un mapa son:

- http://www.sitemapdoc.com/
- http://www.xml-sitemaps.com
- http://sitemap.xmlecho.org/sitemap/

Anclaje de texto

El texto que se utiliza para vincular a una página web desde otra página se conoce como *anchor text.* En cualquier sitio, existen dos tipos de texto de anclaje: el texto que sirve de enlace a otras páginas de nuestro propio sitio (ANCLAJE INTERNO), y el texto que sirve de enlace a otros sitios (ANCLAJE EXTERNO)

¿Cómo podemos sacar provecho de este recurso? En lugar de conectarnos directamente, utilizaremos el texto de anclaje para describir la relación y ayudar a los motores de búsqueda a identificar las frases clave que nos interesa posicionar.

Más concretamente, en vez de vincularnos a una página (ya sea interna, de nuestro sitio, o externa, de otro) escribiendo la URL de nuestra web en la barra de navegación o haciendo click en el texto de "PULSE AQUÍ" para más información, podemos utilizar la palabra clave como *anclaje de texto*. Por ejemplo:

Descargue su *guía para adiestrar perros*

Estructura de SILO

Como hemos mencionado anteriormente, el éxito de los recursos SEO que apliquemos dependerá mucho de la estructura que tenga nuestro sitio. Una web bien construida es aquella que está organizada por categorías: esta forma de organización se conoce como *estructura de SILO.*

Por ejemplo, si tenemos un sitio web enfocado en el nicho de "trabajar desde casa", deberemos ofrecer una estructura de categorías que considere diferentes grupos:

- Trabajos en casa
- Puestos de trabajo desde el hogar
- Asistentes virtuales
- Trabajo Freelance

...y así sucesivamente.

Cada artículo, una vez agrupado dentro de una de estas categorías, adquiere mayor relevancia. Al mismo tiempo, cada categoría tendrá un directorio en el servidor y todos los artículos se recogerían en ella. El archivo de índice de cada categoría consistirá en una lista de todos los artículos agrupados en ella.

¿Cómo llevamos todo esto a la práctica? No es difícil. Podemos establecer un sistema basado en SILO fácilmente con temas de WordPress, ya que WordPress (disponible en http://www.wordpress.org) está configurado para ejecutarse en una base

SILO mediante un sistema de gestión de contenido como el *backend*. Por su parte, Drupal y Joomla también ofrecen estructura SILO.

Hablando en concreto ¿qué BENEFICIOS trae la aplicación de la *ESTRUCTURA DE SILO*? Si utilizamos una estructura bien definida al momento de crear nuestro sitio web, clasificaremos mejor para las distintas páginas y categorías. Además, nos ayudará a mantener ordenada la plataforma a medida que vaya creciendo.

¿Y qué debemos hacer para comenzar?

Visitar http://www.google.com y buscar la misma frase clave que hemos elegido para nuestro sitio en los primeros 3 a 5 resultados. Luego, nos dirigiremos a la herramienta para palabras clave de Google en

https://adwords.google.com/

(Desde hace poco, conocida con el nombre de **Keyword Planner**) y realizaremos una búsqueda de keywords usando nuestra palabra como principal. Esto nos va a mostrar una lista de palabras relacionadas. Para analizar los resultados, tendremos que apuntar unas 10 palabras que se relacionen con el tema de nuestro sitio web. Si vemos que esas palabras tienen un bajo nivel de competencia, nuestra web estará en franca ventaja. Además, las keywords deben presentar un buen número de búsquedas al mes; como mínimo, 2000.

Una vez que hayamos obtenido esa lista, tendremos dos opciones: usar las palabras como categorías dentro de nuestro sitio web, o emplearlas para crear contenido relevante relacionado con esa palabra.

Palabras clave o keywords

Según nuestra experiencia en el posicionamiento web, consideramos que la **búsqueda de las palabras clave** adecuada es un FACTOR DETERMINANTE del éxito de nuestro negocio. Elegir las keywords correctas resulta fundamental para crear una campaña de marketing que sea eficaz, que nos permita "pisar fuerte" en un nicho de mercado y llegar a nuestro público objetivo.

Si identificamos exactamente las palabras clave que están siendo utilizadas por la audiencia, podremos asegurarnos de centrar nuestro contenido en la aplicación de estas frases. Y además se incrementará fuertemente nuestro posicionamiento global en los motores de búsqueda. Existen dos tipos diferentes de frases de palabras clave: la *clave principal* y los *términos de cola larga*.

La *palabra clave principal* suele ser una frase corta, de 2 palabras como máximo, mientras que los *términos de cola* (o *términos de cola larga*) son frases de 3 o más palabras de largo, o que tienen menos competencia que una palabra clave principal. Las *palabras clave principal* tienden a presentar un volumen de búsquedas más alto, pero son más competitivas; en cambio, las *palabras de cola larga* presentan un menor volumen de búsquedas pero son a menudo mucho más fáciles de posicionar. Las mejores campañas de SEO siempre incluyen una *palabra clave principal* y se apoyan en un gran grupo de *palabras de cola larga*. Resumiendo:

TIPOS DE FRASES DE PALABRAS CLAVE	
Clave principal	**Términos de cola larga**
Frase corta (hasta 2 palabras)	Frase larga (a partir de 3 palabras)

Alto volumen de búsquedas	Bajo volumen de búsquedas
Más difícil de posicionar	Más fácil de posicionar

¿Cómo empezamos el proceso de investigación?

Antes que nada, visitando

https://adwords.google.com/

La herramienta de sugerencias de **Google Adwords** nos permite introducir palabras del nicho específico que estemos considerando para nuestro negocio, y así poder evaluar la competencia que existe.

Al introducir las keywords en la herramienta de palabras clave de Google, podremos generar listados donde se encuentren otras palabras clave asociadas a la palabra clave principal que hemos introducido en el cuadro de búsqueda. Así hallaremos fácilmente un grupo de palabras claves secundarias que, como tendrán menor competencia, nos simplificarán la vida al momento de posicionar nuestro sitio web entre los primeros resultados.

La segunda columna indica el nivel real de competencia en relación con cada frase de palabras clave. Con el fin de centrarnos en la aplicación de keywords que generen mucho tráfico, deberemos prestar mucha atención al nivel de competencia existente. Así, es importante que en nuestra investigación busquemos palabras que tengan algo de competencia: esto es un buen indicador de que el nicho es rentable ya que otras personas están invirtiendo en esas palabras.

La tercera columna indica el número estimado de búsquedas de cada palabra clave en particular en base al volumen mensual (es decir, el número de veces que se entra en Google cada mes) Es una representación visual de la popularidad a nivel global que presenta cada frase de palabras clave.

Una idea práctica para analizar a la competencia y conocer qué palabras claves está usando, es navegar a través del código fuente de los sitios web que compiten con el nuestro y luego armar una hoja de cálculo de Excel con estos datos:

- Palabra clave principal
- Url
- Palabras clave

Las keywords forman la columna vertebral de una campaña de tráfico exitosa, de la comercialización del artículo, la construcción de back-links, la optimización de los buscadores. Por eso es importante que, poco a poco, nos vayamos familiarizando con las herramientas de evaluación de palabras clave, y seamos capaces de elegir inteligentemente aquellas keywords que utilizaremos.

CONSTRUIR ENLACES PARA GENERAR TRÁFICO

CONSTRUIR ENLACES PARA GENERAR TRÁFICO

Los enlaces o **back-links** juegan un papel importante en la generación de tráfico fresco dirigido tanto a través de los  principales buscadores, como por medio de sitios web importantes que son tomados en cuenta como sitios de autoridad.

Cada vínculo que apunta hacia nuestro sitio, simplemente representa un "voto" para nuestra web. Así, un mayor número de *backlinks* entrantes a nuestra página nos brindará más exposición antes los buscadores.

Los motores de búsqueda se encargan de enviar el tráfico orgánico, que es el tipo de tráfico natural. Es decir, aquel que generan las personas que buscan activamente información sobre los tipos de productos y servicios que ofrecemos. Este es el tráfico de mejor calidad

49

y el más duradero. Lo mejor de todo es que si logramos configurar una campaña eficaz de enlaces, acarrearemos a los visitantes directo a nuestra web sin esfuerzo, gracias al tiempo que el sitio mantiene esos *backlinks*.

Por medio de este proceso, aseguraremos las conexiones en los sitios web que ofrecen una estructura permanente de vinculación, de modo que los enlaces durarán, en vez de quitarse un par de semanas más tarde.

Los motores de búsqueda evaluarán nuestra campaña de vínculo general: determinarán si los enlaces que apuntan a nuestro sitio web pertenecen a sitios con temas similares y en base a ese análisis, nos darán un "puntaje" que influirá directamente en nuestra posición global en los principales buscadores.

Pero los buscadores no solo analizarán qué tan relevante (e importante) es nuestro sitio web por el número de enlaces que apunten a él. También evaluarán la calidad de los backlinks que se encuentren en páginas de mayor valor. Entonces, si bien es importante generar una gran cantidad de ellos, también hay que tener en cuenta que la calidad general de los backlinks presentes en la web podrá modificar nuestra influencia en el ranking.

Así que...

¿Cómo comenzar a construir una campaña de vínculo efectiva, que canalice tráfico relevante y de calidad?

La primera tarea a realizar será evaluar rápidamente los sitios web que se dediquen al mismo nicho de mercado que nosotros, y que por eso ofrecen la oportunidad de obtener un vínculo.

Mediante la identificación de factores clave, blogs y sitios web de importancia en el mercado, seremos capaces de construir rápidamente nuestra campaña de vínculo, centrándonos en los sitios relevantes, de tráfico alto. Como ya insinuamos anteriormente, estos vínculos nos otorgarán mayor peso ante los buscadores, o lo que es lo mismo, mayor exposición en menos tiempo.

¿Por dónde empezar a investigar el mercado? Sobre todo deberemos centrarnos en dos tipos de sitios de la comunidad:

- Blogs de calidad
- Foros activos

Los **blogs** nos proporcionan un vínculo a partir de cada comentario que hacemos, y los **foros** ofrecen al instante los enlaces para nuestro sitio web, siempre y cuando se centren en foros activos relevantes para el nicho de mercado que nos ocupa. Efectivamente, durante la búsqueda de blogs para publicar un comentario siempre deberemos situarnos en aquellos que tomen el mismo tema u otro similar al de nuestro propio sitio web.

Recordemos que no solo vamos a generar tráfico a partir de los vínculos creados con los comentarios y mensajes, sino que además los visitantes reales que los lean podrán ir a nuestra página desde ese enlace.

Esto significa que debemos tratar de postear **COMENTARIOS DE CALIDAD**, que estén relacionados con el tema del día o más actual, y con el tema general del mismo blog. Ahora bien ¿qué tareas debemos hacer para generar de nuevo los enlaces con los blogs?

1. **Localizar blogs de alta calidad**, webs ya establecidas que proporcionen un enlace (este es el único tipo de blogs donde un enlace a su sitio contará como un "voto")
2. Tomarse un poco de tiempo para **explorar cada blog**, con miras a tener una idea más precisa del tema y el contenido general antes de que nuestro comentario sea eliminado por los administradores, que pueden llegar a verlo como una contribución irrelevante.

3. **Escribir un comentario e incluir nuestro enlace** con el texto de anclajes pertinentes en el blog. Para ello, en algunos casos es necesario incluir un poco de código HTML para crear un nuevo lazo con el texto del enlace. Debemos asegurarnos de que este incluya palabras clave relevantes.

4. **Repetir este proceso** en tantos blogs de alta calidad y sitios de la comunidad como sea posible.

Un dato a tener en cuenta: no se deben utilizar las palabras clave que ya forman parte del título de nuestro sitio web o del nombre de dominio. Por el contrario, hay que preocuparse por incluir aquellas palabras clave que esperamos clasificar. Una técnica útil para encontrar listas de blogs es emplear el buscador de blogs de Google **"Google blog search"**, usando la palabra clave principal de nuestro nicho. Luego, en el texto de nuestro comentario tendremos que añadir el enlace a nuestra web con la palabra clave que queremos posicionar.

ENCONTRAR BLOGS AUTORITARIOS

Para localizar rápidamente los blogs que resulten relevantes para nuestro nicho de mercado, debemos buscar antes que nada aquellos basados en palabras clave y en términos de búsqueda personalizados. La manera más fácil de encontrar *blogs relevantes* que proporcionan un *enlace* es usando el plugin de Firefox disponible desde Quake SEO. Esta herramienta no sólo nos revelará los detalles pertinentes en relación con los blogs y los foros posibles, sino que también indicará si nuestro enlace verdaderamente cuenta en los motores de búsqueda como un enlace (Follow). A continuación dejamos anotado un link para descargar una copia de este plugin:

https://addons.mozilla.org/en-US/firefox/collec tion/seo-tools

El siguiente paso es crear un archivo de la palabra clave y de las frases relacionadas con nuestro nicho de mercado, que

se puedan utilizar dentro de los comentarios del propio blog. Tenemos que elegir palabras clave muy específicas, que impulsen tráfico cualificado (público que pueda estar interesado en sus productos, servicios u ofertas). La única manera de hacerlo es evaluando la cantidad de búsquedas de palabras clave a lo largo de cada mes, a través de los principales buscadores.

A continuación deberemos crear páginas individuales en nuestro sitio que contengan oferta o contenido relevante, de calidad y dirigido al producto que estamos promoviendo. Necesitaremos crear páginas específicas de aterrizaje desde los blogs y sitios externos que tengan mayores posibilidades de mantener la atención de los visitantes.

Además, si los administradores de blogs comprueban nuestro enlace antes de aprobar el comentario, verán que estamos ofreciendo información de alta calidad en lugar de dirigir a los usuarios directamente a través de una página de venta. Tendremos que ocuparnos de dejar comentarios en los sitios web y blogs que tengan un rango de página o *pagerank* mayor que el de nuestra web. Estas páginas que presentan un alto rango página en Google se denominan SITIOS DE AUTORIDAD.

Los backlinks provenientes de estos sitios tienen mucho más peso que los de un blog que todavía no se ha establecido. Para determinar el rango de nuestra página, podemos utilizar el plugin SEO Quake, como así también puede sernos útil el software gratuito *Top Commentator*.

Este plugin ofrece a los visitantes frecuentes de un blog determinado, la posibilidad de ser exhibido en todas las páginas del blog. Es algo así como una forma de darle las gracias al usuario por sus aportaciones frecuentes. Por supuesto, nosotros intentaremos aprovechar este recurso, tratando de incluir la mayor cantidad posible de blogs que cuenten con *Top Commentator*. Si logramos aparecer en la lista de comentaristas de la parte superior, nuestro sitio web se presentará en todo el sitio: es decir que se generará un nuevo enlace en cada página del blog!

Por otra parte, cuando lo que queremos es encontrar los foros pertinentes que ofrecen la posibilidad de generar vínculos, podemos localizar rápidamente las juntas comunitarias con solo una búsqueda rápida en Google. Para hacerlo, deberemos usar frases de palabras clave relacionadas con nuestro mercado y aplicar los términos "foro" o "comunidad" en la cadena de consulta de los blogs. Supongamos que estamos buscando los foros que existen para el nicho "ENTRENAMIENTO CANINO". En los buscadores colocaremos frases como:

-"foros de entrenamiento del perro"
-"la comunidad de adiestramiento de perros"
-"foro de los dueños de mascotas"
-"amantes de los perros foro "

Y otras frases de búsqueda similar.

A continuación, ejecutaremos cada sitio encontrado a través de SEO Quake para determinar el rango total de la página, la popularidad de los enlaces y si la web en cuestión aparece en los mensajes, archivos de firmas y perfiles de cuenta como un vínculo de retroceso relevante para nuestro propio sitio. Luego repetiremos la misma estrategia que aplicamos en la construcción de vínculos de los *blogs de autoridad*.

Durante el proceso, es importante que invirtamos tiempo en evaluar cómo son tratados por la comunidad los temas que nos interesan para nuestro negocio. Tenemos que tratar de participar en los foros contribuyendo a las preguntas, conversaciones y discusiones. Al hacer un comentario, no debemos olvidarnos de agregar el URL de nuestro sitio web en la firma, para que nuestro enlace aparezca cada vez que enviamos un mensaje o participamos en un hilo abierto. Además, es bueno mantener actualizado el perfil que hemos creado para participar en el foro, incluyendo la URL de nuestro sitio, un nombre e información de contacto.

Tenemos que asegurarnos de ir con cuidado al publicar en discusiones abiertas. Si queremos ser parte activa de una comunidad, debemos hacerlo contribuyendo de manera positiva. Dejar mensajes de spam a través del tablero para que nos contacten, solo provocará que los usuarios comiencen a bloquear nuestros enlaces por ser molestos o inútiles. Mientras más ACTIVOS seamos, mayor será la EXPOSICIÓN que tengamos y nuestros vínculos circularán por toda la web.

A continuación dejamos anotados algunos recursos que nos ayudarán a encontrar otros foros y comunidades que estén dentro de nuestro nicho de mercado:

- http://www.prelovac.com/vladimir/best-webmaster-forums (Directorio de foros muy completo, con ranking Alexa)

- http://boardreader.com/. Por el momento, la comunidad Reader es uno de los recursos más útiles para localizar foros pertinentes para nuestro negocio.

Basta con introducir algunas frases de palabras clave y simplemente, dejar que la herramienta de búsqueda trabaje para nosotros.

- http://google.com. Entrando en el enlace "nombre de dominio", seremos capaces de determinar los vínculos existentes para cualquier sitio web en línea.

- http://www.backlinkwatch.com

Debemos intentar que nuestra estrategia de enlace parezca natural. Con este fin, nos aseguraremos de utilizar un texto ligeramente distinto en cada enlace que dejemos hacia nuestro sitio web. De esta manera, los comentarios y vínculos serán capaces de clasificar para una amplia variedad de frases y palabras.

La manera más común en que las personas accederán a nuestro sitio web será a través de los motores de búsqueda. Y esto significa que si estamos vendiendo un producto o servicio, o simplemente queremos obtener algo de prensa gratuita acerca de nuestro negocio, la propia web tiene que ser encontrada por los buscadores de Internet más populares, tales como Google y Yahoo! Sin duda alguna, mantenerse al día en los motores de búsqueda y sus tecnologías será un trabajo a tiempo completo. Sin embargo, si nuestro sitio web está bien diseñado, los buscadores pueden convertirse en nuestros mejores aliados para generar tráfico en Internet.

Definición de la optimización para buscadores o SEO

El *posicionamiento en buscadores*, o *SEO*, es la técnica de colocar nuestro website de modo que aumente su rango en las bases de datos del motor de búsqueda. Todo emprendedor quiere que su página aparezca entre los primeros resultados de los buscadores y que resulte lo más relevante posible a la búsqueda que haga el usuario.

Un posicionamiento web exitoso utiliza los artículos y las keywords basados en esas palabras que los usuarios de Internet teclean en los motores de búsqueda cuando están buscando un producto o servicio en particular. Durante la etapa de construcción de nuestro sitio web, debemos asegurarnos de colocar las palabras clave eficazmente, tanto en todo el contenido como en la codificación HTML de cada página web.

Cuando enviamos nuestra web a los buscadores más conocidos, tenemos que cerciorarnos de estar haciendo la mejor optimización posible de las palabras clave. Mientras más sepamos manejarlas, más rápidamente encontraremos los métodos de comercialización y soluciones más adecuados para el negocio. Nuestra calificación en un motor de búsqueda está estrechamente relacionada con la calidad de nuestro sitio. Si el ramo de actividad a que nos dedicamos tiene mucha competencia, deberemos intentar tener el mayor número posible de personas que visitan nuestro sitio. Así sacaremos partido de nuestra campaña de marketing online y disfrutaremos de un excelente nivel de ventas.

OPTIMIZANDO NUESTRO SITIO WEB

Una de las cosas más importantes que debemos recordar cuando estamos optimizando nuestro sitio web para los motores de búsqueda es que los buscadores leen el texto pero ignoran los gráficos. Esto significa que debemos centrarnos en el TEXTO que forma parte del contenido de nuestra página. Sin embargo, podemos aprovechar las imágenes para mejorar el posicionamiento por ejemplo, usando la etiqueta "ALT". En Internet hay disponible mucha información sobre este tema. Ahora hablaremos sobre las estrategias que debemos utilizar si buscamos CENTRARNOS EN EL TEXTO.

- **Usar las palabras clave adecuadas:** los usuarios de Internet escriben frases de palabras clave en los motores de búsqueda cuando desean encontrar un determinado producto o servicio. Es decir que van a escribir dos o tres palabras para hacer una búsqueda relevante de sitios web. En vez de perder un montón de tiempo en la optimización de nuestra página, podemos utilizar un programa que nos ayude a determinar qué palabra clave o frases obtienen el mayor volumen de búsqueda. Esto nos permitirá centrar sus esfuerzos en la optimización de su sitio web para las palabras clave adecuadas. Una de las herramientas más utilizadas (¡y gratuita!) es el *Keyword Tool* de Google, que ahora se llama *Keyword Planner*.

  La encontraremos en
  https://adwords.google.com

- **Colocar las keywords en la página de inicio:** una vez que hayamos decidido qué palabras clave son las mejores para la optimización de nuestro sitio web usted, tendremos que ingeniárnoslas para poner esas palabras clave y las frases en el contenido. Pero ¡cuidado! No hay que colocarlas en forma indiscriminada o desordenadamente: ante todo, nos preocuparemos por introducirlas en el primer párrafo de la página de inicio, ya que esta es la primera cosa que la mayoría de los motores de búsqueda leen para determinar si un sitio web es relevante para la búsqueda hecha por un usuario. Así, en ese primer párrafo deberemos incluir un par de palabras claves relacionadas, que nos darán más oportunidades de estar en las primeras posiciones de los buscadores.

- **Usar meta-etiquetas HTML:** debemos asegurarnos de tener las etiquetas en la codificación HTML, a fin de que esta se corresponda con el texto de nuestro sitio web. Siempre, el ranking que tengamos en los motores de búsqueda será más sólido si hay coherencia entre nuestras etiquetas y textos. Del mismo modo que con la etiqueta ALT, podremos encontrar mucha información sobre meta-etiquetas HTML en la red. Sin embargo, tengamos presente que como mínimo nuestro sitio debe presentar las tags *TITLE, DESCRIPTION* y *KEYWORD*.

ENVIANDO NUESTRO SITIO A LOS MOTORES DE BÚSQUEDA

Dar de alta nuestra web en los motores de búsqueda, como Bing, Yahoo y Google, es crucial si queremos  atraer a la gente a nuestro sitio. Antes de decidir en qué motores de búsqueda vamos a estar presentes, debemos hacer un estudio detallado de lo que cada motor proporciona. Algunas de las características que debemos tener en cuenta son la forma en que promocionan los sitios web, lo que ofrecen en la publicidad y si tienen cualquier otro recurso disponible. Existen analizadores disponibles en Internet que nos ayudarán a comparar los distintos motores de búsqueda. Nuestro presupuesto de marketing en línea nos hará invertir dinero y tiempo, de modo que debemos tratar de encontrar el motor de búsqueda ideal para nuestro negocio. Tenemos que tener en cuenta que el **proceso de registro en un buscador** debe permitir:

64

1. Que incluyamos la descripción de nuestro negocio y sitio web.

2. Que hagamos un estudio rápido para averiguar qué otros negocios en nuestra industria están dentro del directorio.

De todas maneras, nuestro objetivo principal será el de registrar o dar de alta nuestro sitio en la mayor cantidad posible de buscadores, para así obtener los más altos rankings en las páginas de resultado. Esto permitirá que nuestros clientes fieles y los clientes potenciales puedan encontrar rápida y fácilmente la página.

Los errores más comunes al enviar nuestro sitio a los buscadores

¡Cuidado! No corramos el riesgo de quedar fuera de los motores de búsqueda por haber incurrido en el ABUSO DE PALABRAS CLAVE. Usar una alta densidad de palabras clave puede parecer una buena idea cuando recién comenzamos con el desarrollo de contenidos para nuestro sitio web, pero en realidad la estrategia es muy arriesgada y en el camino, podemos llegar a cometer numerosos errores.

- **Arañas de motores de búsqueda:** se trata de un programa que, metódicamente, viaja por Internet en busca de todas las páginas web que se han visitado recientemente. Luego procesa esta información en un motor de búsqueda, para que las páginas se indexen y sean descargadas más rápidamente por el usuario. Cuando utilizamos las keywords en forma exagerada corremos el riesgo de ser penalizados por las arañas de los motores, que pasarán por alto nuestras páginas web y en consecuencia, estas no serán incluidas en el motor de búsqueda.

- **Poner las palabras claves en las etiquetas pero no en el contenido:** un error que se comete en muchas webs es elegir las palabras clave y luego no colocarlas en alguno de los contenidos adecuados en las páginas dentro del sitio. Las arañas de los motores de búsqueda están programadas para ver las palabras claves antes de analizar los contenidos *(por eso es tan importante el uso de las etiquetas title, decription y keyword de las que hablábamos).* Si las arañas detectan las palabras claves dentro de las etiquetas y luego comprueban que están dentro del contenido, asumen que esa palabra es relevante y esto ayuda a un buen posicionamiento. Entonces ¿por qué perder el tiempo usando palabras clave que realmente no tiene nada que ver con la temática de nuestro sitio web?

- **Crear páginas web falsas:** uno de los errores más graves que se pueden cometer cuando se está desarrollando el contenido del sitio web, es proporcionar a los clientes información que no tiene absolutamente nada que ver con lo que estamos vendiendo o publicitando en la página. Los clientes que utilizan Internet para comprar un producto o servicio, o simplemente para obtener más información acerca de lo que estamos vendiendo, no quieren llegar a las páginas de un sitio sólo para descubrir que no estamos vendiendo lo que ofrecemos. Si los clientes están buscando un producto, por ejemplo "pantalones" (y nosotros hemos incluido la palabra "pantalones" una y otra vez en el sitio web para que suba a las primeras posiciones de los motores de búsqueda) los usuarios que lleguen esperan poder leer información precisa y confiable sobre "pantalones". Si realmente no estamos vendiendo este producto, deberíamos evitar el uso de esa palabra clave solo para generar tráfico a nuestro sitio web. Los clientes que han sido engañados pronto dejarán nuestra página para encontrar la información que están buscando en otros lugares. Las webs falsas pueden conseguir mucho tráfico y ranking en los motores de búsqueda que deseamos, sin embargo estaremos perdiendo la oportunidad de desarrollar una exitosa relación con los clientes.

La conclusión es que los sitios web orientados exclusivamente a generar tráfico orientados a palabras no siempre funcionan. Por el contrario, al generar grandes cantidades de tráfico no cualificado sencillamente estamos desperdiciando tiempo y recursos tecnológicos, además de sobrecargar nuestra cuenta de hosting o servidor. Lo que se busca en las campañas de posicionamiento es justamente traer un TRÁFICO QUE YA ESTÉ SEGMENTADO, que verdaderamente esté interesado en el producto o servicio que ofrecemos, y con esto, poder generar ventas.

¿Y qué podemos hacer para mejorar el envío de nuestra web a los buscadores?

- **Alianzas estratégicas boca a boca** o **'Word of Mouth Marketing'.** Este término designa lo que comúnmente se conoce como la "recomendación de boca en boca". Esta es, después del rastreo por motores de búsqueda, la segunda forma más común de que las personas encuentren nuevos sitios web. El boca a boca puede ser generado a partir de publicaciones en foros, redes sociales o correo electrónico. A partir de este punto se le conoce como "marketing viral" y es uno de los más grandes éxitos en la historia de Internet.

- **MARKETING VIRAL.** Funciona de la misma manera que las leyendas urbanas y las bromas que circulan por email entre los compañeros de trabajo, o esos videos graciosos que se envían en todo el mundo. Es decir que explota las necesidades de socialización de la gente. No importa cuán pequeña sea la red social que empieza; es tan eficaz que puede convertir una pequeña empresa desconocida en una que se conoce en todo el mundo. Algunas de las compañías más grandes de Internet se basan en el marketing viral para mantener el éxito.

DISTINTAS ESTRATEGIAS DE MARKETING ONLINE

Ante todo, debemos recordar que una de las REGLAS BÁSICAS DEL MARKETING ONLINE es llevar los mensajes, contenidos y promociones a nuestros clientes en lugar de esforzarnos demasiado por atraer clientes a nuestro sitio web. Para lograr este objetivo, nos valdremos de diversas estrategias:

1. E-mail marketing

El e-mail es una herramienta que facilita el compartir ideas y conceptos con los demás en cualquier parte del mundo. Si podemos conectar nuestro mensaje de marketing a estos e-mails, seremos capaces de crear un zumbido, una alerta sobre nuestro producto o servicio. Cuando los clientes potenciales reconocen el logotipo o nombre de la empresa, estamos en el camino de ganarnos la confianza y la credibilidad del cliente, y en suma, de cerrar una venta. Para hacer una campaña efectiva, no hace falta contar con un gran presupuesto o una gran cantidad de tecnología: todo lo que necesitamos hacer es crear una firma de correo electrónico con un mensaje que capte la atención del lector y un enlace que lo redirija a nuestra web. Este mensaje se adjuntará a cualquier e-mail que nuestra empresa envíe.

2. Productos gratuitos

Es una verdad probada: a todo el mundo le gustan las cosas gratis. Si ofrecemos algún producto gratuito, se correrá la voz a través de internet bastante rápido y estas ofertas traerán tráfico a nuestro sitio web. Sin embargo, la mayor parte de las pequeñas empresas no pueden permitirse el lujo de regalar muchas cosas. Entonces, lo que podemos hacer es tratar de ser creativos y ofrecer un producto gratuito para las primeras personas que compren otro producto de nuestro negocio online. Un ejemplo simple: con la compra, regalar unas entradas de cine.

3. Foros y chats

Estos son excelentes lugares para el boca a boca y el marketing, y resultan particularmente efectivos para las personas que tienen alrededor de 25 años de edad o menos. En los foros y chats, las personas comparten sus ideas, por eso pueden ser un buen lugar para promocionar nuestro negocio.

4. Nombre de dominio

Un último aspecto que debemos recordar cuando tratamos de difundir información acerca de nuestra compañía, es la eficacia que tiene un nombre de dominio memorable. Debemos elegir para nuestro sitio un nombre de dominio que sea fácil de recordar y de deletrear, y que además se relacione con lo que estamos vendiendo.

5. Comunidades en línea

En la actualidad, más del 93% de los internautas participan en algún tipo de comunidad en línea. Pero ¿por qué las comunidades en

línea resultan tan atractivas para las personas?

- Son muy parecidas a un cibercafé, un bar u otro lugar de reunión para alternar con personas que tengan intereses similares a los nuestros.

- Son un excelente sitio para aprender algo nuevo.

- Son espacios donde la gente puede compartir sus problemas y temores de forma anónima.

- Permiten a la gente hablar con personas que tengan su misma forma de pensar, y así poder confirmar sus creencias.

- Permiten a las personas sentirse menos solas cuando se enfrentan a una dificultad.

Por otra parte, a una comunidad en línea se puede acceder desde cualquier lugar y en cualquier momento. Algunos de sus componentes son: salas de chat, foros, boletines de noticias, calendarios de eventos y cualquier otro elemento que le permita a un usuario de Internet la interacción con otras personas.

¿Por qué deberíamos tomar en cuenta el USO DE LAS COMUNIDADES para nuestra estrategia de marketing online? Sencillamente, los clientes que participan en una comunidad en línea son un buen objetivo para nuestras ventas porque tienen alta afinidad con nuestro producto. Cuando tenemos una comunidad de clientes en línea fuerte y sólida, sabemos que hemos logrado construir un público fiel para la empresa y los productos o servicios que vendemos. Nuestros clientes más leales difundirán noticias de nuestra empresa a través del boca a boca, y esta acción va a incrementar aún más las ventas.

El mantener una comunidad puede ser un trabajo que consume mucho tiempo. Deberemos invertir cierta cantidad de tiempo y esfuerzo si queremos que los beneficios de una comunidad en línea tengan su efecto. Antes que nada, nos aseguraremos de que todo nuestro personal está implicado en el mantenimiento de la comunidad y que tengan en cuenta la importancia de responder inmediatamente a los mensajes de los clientes. Cuando la comunidad se encuentra en sus etapas iniciales, puede que tenga que incluir algunas de sus propias preguntas, respuestas y comentarios para generar actividad. Pero una vez que el tráfico a su foro comience a fluir por sí mismo, no será necesario invertir tanto tiempo en mantenimiento.

De cualquier manera, si consideramos que no tenemos el tiempo y la mano de obra necesarios como para mantener una comunidad en línea, podemos considerar la compra de espacio publicitario en una comunidad que ya está establecida y que tenga un alto perfil en Internet. Como siempre decimos, la comunidad debe tener alguna relación con los productos o servicios que estamos vendiendo.

6. Foros

Realmente nos traerá muchos beneficios el proporcionar a los clientes un foro en nuestro sitio web. Podemos distribuir el foro en categorías según los diferentes productos o servicios, y animar a sus clientes a compartir sus ideas u opiniones con los demás. Este es el primer paso hacia la construcción de una comunidad en línea.

Sin embargo ¡despacio!: tenemos que prestar atención al contenido del foro y tener en cuenta que es esto lo que atrae visitantes. Una comunidad en línea exitosa no consiste solamente en un foro común: el contenido de nuestro sitio influencia muchísimo la calidad de la comunidad que logremos crear. Cuanto más profesional sea la información de nuestra web, más alta será la calidad del foro.

Por otra parte, contaremos con una gran ventaja: los clientes responderán a las preguntas de otros y esto nos ahorrará dinero en el costo del servicio de atención al cliente. Solo tenemos que asegurarnos de moderar el foro de forma regular para que nuestros clientes estén recibiendo la información de manera precisa. Además, los foros de mensajes también nos darán respuestas acerca de los productos o servicios que vendemos. La retroalimentación honesta de los clientes nos permitirá hacernos una mejor idea de sus necesidades. Aprenderemos mucho más acerca de nuestros clientes y de qué es lo que quieren de nuestro negocio.

Hoy en día se puede desarrollar un foro sin tener que gastar mucho tiempo y dinero. Debemos empezar por preguntar a nuestra compañía de hosting si nos puede proporcionar una plantilla para foro de mensajes, que se puede incluir en el paquete de alojamiento. Otra opción es buscar en Internet un foro de mensajes gratis. Eso sí, deberemos elegir un foro que se adapte a la apariencia de nuestro sitio web, para que se siga manteniendo la coherencia.

7. Concursos

Son una excelente manera de conseguir que los clientes estén siempre entusiasmados con nuestra empresa y su sitio. Un ejemplo para organizar un concurso, es pedir a los clientes que compartan una historia acerca de cómo nuestro producto o servicio les ha beneficiado. Cuando el concurso finalice, publicaremos en el sitio esas historias junto con los nombres de los ganadores. Esta técnica de marketing nos proporcionará testimonios y, al mismo tiempo, es una buena manera de conocer los intereses de los clientes.

8. Alianzas estratégicas

A diferencia de otros métodos tradicionales de marketing online, existe una estrategia muy novedosa que puede traernos grandes beneficios. El co-branding o "alianza estratégica" se define como la situación en la que dos marcas juntan fuerzas para ofrecer un producto. Es conocido por una variedad de definiciones que incluyen:

- Promociones conjuntas
- Empresas mixtas
- Alianzas estratégicas

A primera vista, este proceso suele ser un poco confuso y complicado. Si un usuario hace clic en un enlace en nuestra página web y este enlace lleva al usuario a un sitio de otra marca o  empresa, el cliente puede quedar algo desorientado. Se preguntará por qué se lo ha redirigido a una página web completamente diferente.

Para evitar esta confusión, deberemos elegir las alianzas estratégicas que tengan algo en común con el producto o servicio que estamos ofreciendo. El co-branding puede ser muy rentable, especialmente para los pequeños comercios online. Sin embargo, si se elige la pareja equivocada o demasiados aliados, podría resultar más perjudicial que beneficioso.

Consejos para añadir socios a nuestro sitio web

Como pequeña empresa, debemos ser cautelosos con nuestro presupuesto de

78

marketing. Al agregar un socio al sitio, necesitamos asegurarnos de que van a surgir resultados sólidos y positivos de la unión. Estos resultados pueden ser: más tráfico a su sitio web, un aumento de las ventas en línea o la generación de mayor contacto con los usuarios, que con el tiempo se pueden convertir en clientes.

Por otra parte, tendremos la oportunidad de compartir los costos de comercialización y marketing con nuestro socio, fortalecer nuestra marca y tener acceso a una base de clientes de mayor tamaño. Las alianzas estratégicas siempre funcionan mejor cuando nuestro negocio y la empresa asociada pueden proporcionar un servicio o producto para el mismo tipo de consumidor. Las promociones en conjunto pueden hacernos ahorrar mucho tiempo si las implementamos correctamente.

A la hora de concretar una alianza estratégica, debemos intentar hacer CO-BRANDING POTENCIADO. Si nuestra marca no es muy conocida, sería muy beneficioso tener una alianza estratégica con una marca que ya cuente con trayectoria en el mercado, porque esto genera confianza en nuestro producto. Aunque muchas veces este tipo de co-branding suele ser difícil de conseguir para la empresa de menor reconocimiento, se puede intentar; y de no ser posible, como mínimo sugerimos generar una alianza con una empresa de igual tamaño y reconocimiento que la nuestra, para que ambas se beneficien en la misma proporción. Diversos estudios demuestran que la mayor parte de los usuarios de Internet prefieren este tipo de alianza, ya que les ayuda a tomar decisiones sobre los diferentes productos o marcas que se consiguen en la red. Sin embargo, nunca debemos olvidar que estas promociones conjuntas deben tener sentido para el cliente, es decir, que este pueda entender la conexión entre ambas.

Pautas importantes del co-branding

A continuación dejaremos consignadas algunas preguntas y pautas que debemos respondernos antes de unirnos a otra empresa para ofrecer servicios o productos en conjunto.

- ¿Qué efecto provocará la alianza en los clientes? ¿Hará que se sientan mejor consigo mismos?

- ¿Qué es lo que tenemos en común con la empresa asociada?

- ¿Sus productos son innovadores? ¿Son confiables?

- ¿La imagen de esta alianza tendrá sentido para nuestros clientes? (Pues no queremos perder nuestra actual base de datos de clientes, sino ampliarla)

- ¿Cómo beneficiará esta asociación a nuestros clientes?

- ¿Les va a hacer ahorrar dinero? ¿O va a hacerles ahorrar tiempo?

- Nuestra campaña de marketing debe mostrar de forma muy clara el beneficio a los clientes.

- El objetivo que buscamos con el co-branding debe ser encontrar las mejores soluciones para nuestros clientes. Debe existir un valor igual para ambas marcas en la alianza.

- ¿Nuestros clientes serán capaces de ver la conexión y el valor de la asociación?

- ¿La alianza estratégica va a ponernos en contacto con nuevos clientes?

La integración de los productos en el co-branding

Cuando se trata de co-branding, debemos tomarnos el tiempo suficiente para incluir los beneficios de ambas marcas en el diseño  general de nuestras promociones de marketing. De esta manera, los clientes comprenderán la conexión entre ambos productos o servicios.

¿Cómo hacer para lograr la integración de los productos de las dos compañías? Basta con poner el logotipo de nuestra marca, o un enlace a nuestro sitio en la web de la empresa. Esto nos ahorrará tiempo y dinero, aunque al mismo tiempo puede provocar la pérdida de algunos clientes potenciales. El Co-branding exitoso nunca abandona a sus clientes preguntando exactamente en qué sitio web están. Las asociaciones deberían mejorar la experiencia de compra de un cliente, ayudándole a tomar decisiones correctas.

Debemos apuntar a hacer un intercambio de contenido con nuestro socio para que ambos podamos ampliar nuestra experiencia en la industria. Sin embargo, tendremos que incorporar este contenido en nuestro sitio web para que fluya de manera natural y se ajuste al propio contenido. Así podremos obtener resultados beneficiosos sin perder consistencia profesional. Nuestro sitio será más legítimo y competitivo si tenemos el contenido de nuestro socio estratégico bien integrado en la propia web.

Por otra parte, nunca debemos perder de vista nuestros objetivos de negocio, sin importar qué estrategia de marketing estemos tratando de incorporar. El co-branding solo nos ayudará si puede complementar nuestros fines. En cualquier caso, la alianza estratégica debe apuntar a que TODAS NUESTRAS ACCIONES (sobre el contenido del sitio, las promociones y actividades) ALIENTEN AL CLIENTE A SEGUIR ADELANTE CON LA COMPRA.

9. Métodos de pago

Otra forma de promover nuestra página de aterrizaje para el producto de entrada, es usar campañas de promoción de pago. Este método en particular en muchos casos no es recomendable porque se corre el riesgo de perder grandes cantidades de dinero en poco tiempo. Así que si decidimos utilizarlo, primero deberemos tomar la precaución de hacer pruebas con pocas cantidades hasta que estemos familiarizados con el uso de este tipo de publicidad.

La ventaja que proporciona usar un método de pago es que genera resultados de forma inmediata en función del dinero que hayamos invertido. Además, según la plataforma que utilicemos, vamos a adquirir un poder de segmentación inmenso. Por eso, si ya tenemos bien definido nuestro público objetivo para ofrecer el producto de entrada y contamos con un presupuesto suficiente para dedicarlo a este método ¡adelante!

Algunos sitios donde contratar la publicidad de pago

Algunos sitios donde contratar la publicidad de pago:

- **Google Adwords:** todos sabemos que Google es el monstruo y el que gestiona el mayor porcentaje de las búsquedas de Internet a nivel mundial. Google Adwords es su plataforma para contratar la publicidad. Con este servicio podemos hacer anuncios de texto o de imágenes y segmentarlos por ciudades e idiomas, como así también, crear anuncios de video para Youtube.

- **Facebook Ads:** la red social más importante hasta el momento también dispone de una plataforma para comprar publicidad. La ventaja que ofrece es la segmentación, ya que como dispone de tanta información de cada uno de los usuarios, podemos seleccionar a quién queremos mostrar nuestra publicidad según sexo, edad, zona geográfica, gustos, hobbies, etc. Aparte, Facebook Ads permite contratar pago por clic y pago por mil impresiones.

- **Otras opciones:** existen sitios para publicidad menos reconocidos que los anteriores pero que también podemos elegir, como por ejemplo Bing ads, Twitter ads, Media buy y Bidvertiser.

Etapa 2 – El Aterrizaje

➡ **OBJETIVOS DE ESTA ETAPA:** sabremos exactamente a dónde dirigir el tráfico creado, cómo medir el rendimiento y de qué forma crear la página de aterrizaje.

En la **etapa 1** estudiamos varias maneras de generar tráfico, aunque las que expusimos no son las únicas. Por eso recomendamos seguir buscando y probando hasta conseguir las técnicas que mejor resultado nos den. Pero ¿cómo saber que tácticas funcionan mejor que otras?

Una de las cosas fascinantes de Internet (y que diferencia el marketing online del marketing offline) es que **EN LA WEB TODO ES MEDIBLE**. Esto nos va a dar una ventaja extraordinaria al momento de definir nuestras campañas para promover nuestro producto de entrada. Existen muchas alternativas de software de rastreo y análisis online pero las que consideramos más adecuadas son las herramientas de Google. La empresa ofrece distintas opciones dentro de su cartera de productos:

Estadísticas
de sitios web

GOOGLE ANALITYCS

Google Analytics es un servicio gratuito de estadísticas de sitios web. Ofrece información agrupada según los intereses de los tres tipos distintos de  personas que pueden verse involucradas en el funcionamiento de una página: ejecutivos, técnicos de marketing y Webmaster.

Este producto se desarrolló cuando Google compró Urchin, hasta entonces la mayor compañía de análisis estadístico de páginas web. ¿Qué tipo de informes podemos obtener usando Google Analitycs?

- Seguimiento de usuarios exclusivos
- Rendimiento del segmento de usuarios
- Resultados de la campaña de marketing
- Marketing de motores de búsqueda
- Pruebas de versión de anuncios
- Rendimiento del contenido

- Análisis de navegación
- Objetivos y proceso de Redireccionamiento
- Parámetros de diseño web

¿Cómo funciona?

Se comienza añadiendo un código JavaScript a cada una de las páginas que se desea analizar. Este código se denomina GATC (Google Analytics Tracking Code). Su función es cargar algunos archivos desde los servidores Google y monitorizar, para luego enviar toda esta información al servidor Google y almacenarla en la cuenta de cada usuario.

Para funcionar, el GATC carga un archivo más grande desde el servidor web de Google, y luego asigna las variables con el número de cuenta del usuario. El archivo más grande (actualmente conocido como **ga.js**) suele pesar 18 kb y solo se descarga una vez al comienzo de la visita, ya que se almacenará en la caché durante el resto de la sesión.

Como todos los sitios web que implementan Google Analytics con el código de **ga.js** usan el mismo archivo maestro de Google, un usuario que anteriormente hubiera visitado cualquier otro sitio con este código implementado también tendrá el archivo en el caché de su máquina. Gracias a esto, el aumento del tiempo de carga de la página al incluir el código es mínima.

Por otra parte, GATC tiene una interfaz muy completa de informes con gráficos desarrollados en Adobe Flash. Recientemente se actualizó la interfaz, aunque todavía está disponible la interfaz antigua.

El incrustar este código nos va a dar la posibilidad de generar reportes detallados sobre qué funciona y qué no funciona en nuestra web. Esta herramienta es sumamente útil, por eso recomendamos crear una cuenta en Analitycs de Google si todavía no tenemos una.

Fuente: *Wikipedia*
http://es.wikipedia.org/wiki/Google_Analytics

Repasemos un poco hasta dónde hemos llegado con nuestro plan de ventas. En primer lugar, hemos visto que debemos implementar 3 tipos distintos de oferta. También necesitamos generar tráfico cualificado hacia nuestro sitio web. Además, tenemos que rastrearlo para analizar las estadísticas de las visitas.

Todo suena muy lógico pero ahora viene la pregunta: ¿a dónde llevamos ese tráfico? Y es entonces cuando comenzamos a hablar de lo que se conoce como **página de aterrizaje** o, en inglés, **landing page**.

La *página de aterrizaje* es donde llega todo el tráfico que hemos generado en la etapa anterior y es en esta página donde vamos a ofrecer nuestro *producto de* 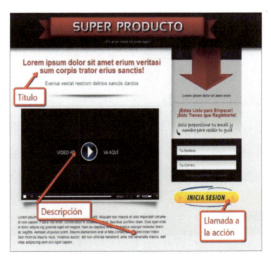 *entrada*. Si bien, como ya sabemos, va a ser gratuito, a cambio vamos a pedirle al cliente ciertos datos que nos interesen. En este caso recomendamos pedir solamente nombre y correo electrónico para que el usuario no se sienta invadido. Si pedimos demasiada información (por ejemplo, dirección, teléfono, etc.) puede que el visitante se sienta incómodo en dar datos que considere delicados y se vaya de nuestro sitio.

¿CÓMO DEBE SER UNA *LANDING PAGE*?

De cómo diseñemos nuestra *página de aterrizaje* va a depender la cantidad de personas que se vean atraídas por la oferta de entrada que propongamos. Debemos recordar que una *página de aterrizaje* es una PÁGINA DE TRANSICIÓN: aquí solo queremos recibir el tráfico que generamos y conseguir que se suscriban a nuestra lista a cambio de nuestro *producto de entrada*.

Algunos consejos para construir una buena *landing page*:

- Crear un mensaje relevante y que destaque
- Nuestra página debe ser agradable y simple

95

- Debemos destacar nuestra oferta de forma clara
- Mostrar los beneficios y características de la oferta
- Convencer a los clientes de los beneficios que van a obtener al descargar nuestro producto

¿Por qué queremos que el cliente nos deje su nombre y correo electrónico en la *landing page*?

Porque con esos datos vamos a crear nuestra base de datos de prospectos, a quienes les enviaremos información con el fin de generar suficiente confianza. Luego podremos ofrecerles nuestro *producto de nivel medio*.

A medida que Internet ha ido creciendo, el e-mail marketing se ha convertido en una de las herramientas más eficientes y rentables para el marketing online. Hoy en día afecta drásticamente a todas las empresas, ya sean B2B o B2C. La mayor actividad que se genera con el uso de Internet es el envío de correo electrónico, y es por este motivo que el email puede ser usado como una excelente herramienta para generar más ventas. El marketing a través del correo electrónico aumenta la credibilidad y fidelidad de nuestra marca; al mismo tiempo, mejora nuestros servicios de atención al cliente a través de los ojos de nuestros seguidores.

Lo que hay que tener en cuenta es que ningún componente de una campaña de email marketing se sostiene de forma individual. Lo que queremos decir es que la efectividad de esta técnica depende de todos los elementos involucrados, y por esa razón, al momento de enviar un boletín electrónico a nuestra lista de correos debemos tener un sitio web bien configurado que nos respalde. Asimismo, debemos preocuparnos de que el contenido y los diversos elementos de nuestro sitio web generen interés suficiente como para hacer crecer nuestra lista de correo electrónico.

- **El correo electrónico de suscripción voluntaria**

Dentro de las diversas estrategias que existen, la más eficaz puede llegar a ser el *correo de suscripción voluntaria*. Una clave importante dentro de una estrategia de marketing por email es enfocarnos única y exclusivamente en el envío de correo a cuentas que se hayan suscrito a nuestra lista en forma voluntaria. Este proceso se conoce en inglés como "opt in".

Construyendo nuestra lista de e-mail

Ahora veremos algunos ítems que debemos tener en cuenta a la hora de programar y gestionar nuestra lista de correo electrónico.

- **La privacidad**

Se necesita tiempo para construir una lista de correo electrónico, pero una vez que lo hagamos, tendremos los nombres de las personas que realmente están interesadas en lo que estamos vendiendo. Eso sí, lo que debemos recordar es

no abusar de la confianza de una persona una vez que nos dé su información privada y dirección de correo electrónico. Hagamos saber a los clientes que valoramos su confianza y vamos a respetar su privacidad. Podemos lograr esto a través de una **POLÍTICA DE PRIVACIDAD** en nuestro sitio web, donde dejemos claro que nos comprometemos a no vender la información a otras empresas o proveedores. Debemos explicar todo lo necesario para que nuestros clientes sepan lo que vamos a hacer con nuestro correo electrónico y con qué frecuencia les enviaremos información. Además, es muy importante proporcionar a las personas la opción de retirarse de nuestra lista de correo electrónico. Esta libertad siempre le da al cliente más confianza.

- **La cantidad de información**

Para conseguir que la gente se una a nuestra lista de correo electrónico, no debemos pedirles mucho más que unos pocos bits de información a la vez. Es necesario ganar su confianza antes de pedir demasiada información. Al principio es suficiente con pedir nombre y email; más tarde, nuestras futuras promociones de marketing ayudarán a rellenar otros datos como la edad y la zona de residencia. Nos tomará tiempo obtener una idea clara de quiénes son nuestros mejores clientes y para mantenerlos dentro de la lista es bueno ganar su confianza ofreciendo información de calidad, regalos, descuentos, etc.

- ## **La frecuencia y el tiempo**

Hay dos elementos importantes a considerar al encarar una campaña de email marketing: la FRECUENCIA y el TIEMPO. Es necesario determinar cuándo y con qué frecuencia vamos a enviar boletines de correo electrónico.

Por un lado, no debemos mandar e-mails con demasiada frecuencia, ya que esto puede abrumar a los clientes. Pero al mismo tiempo, no queremos esperar demasiado tiempo entre los mensajes o nuestros clientes empezarán a olvidar quiénes somos. El tiempo y la consistencia pueden variar dependiendo de qué tipo de negocio tenemos. Si no estamos seguros de cuándo y con qué frecuencia debe enviar sus boletines, solo tenemos que preguntar.

Cada vez que alguien se una a nuestra lista de correo electrónico, hay que consultarle con qué frecuencia desea recibir nuestros e-mails. Otra forma de rastrear la frecuencia y el momento es enviando correos en diferentes momentos durante la semana. A continuación deberemos hacer un seguimiento de las estadísticas de nuestro sitio web, que nos dirá qué día es el mejor para enviar el boletín informativo.

Etapa 3 – El prospecto

¡Felicidades! Ya hemos logrado rastrear nuestro producto de entrada, configuramos la página de aterrizaje, tenemos analíticas para rastrear los resultados y ya comienzan a llegar nuestros suscriptores. ¿Y ahora qué sigue? En esta etapa del embudo vamos a configurar nuestra lista de mensajes para que se envíen de forma automática a los usuarios que descargaron nuestro producto de entrada.

OBJETIVOS DE ESTA ETAPA: en esta instancia intentaremos generar confianza en los posibles clientes, posicionarnos como expertos del sector y separar al prospecto que está listo para comprar.

Ya hemos creado nuestra lista de correo electrónico: pero ¿cómo vamos a gestionar la base de datos de los suscriptores que están entrando? Como lo hemos comentado desde el principio del libro, la idea del embudo de venta online es que todo funcione de forma automática: así que también buscaremos que sea así en el envío de emails a la lista.

En el listado, automáticamente dispondremos de un panel de control donde configurar los mensajes que se van a enviar. Podremos programar con  qué distancia de tiempo se van a mandar y además, gestionar las altas y bajas de la lista. De todas maneras, estos servicios pueden ser alojados en el servidor de nuestra web o gestionados por otras empresas. Algunas de las entidades que los proveen son:

- Aweber
- Get response
- Mailchimp

Creando nuestra lista de mensajes

Los mensajes que vamos a crear en esta etapa tienen dos objetivos en concreto. El primero es ir educando al futuro cliente sobre nuestro servicio, el uso de nuestro producto, los beneficios que consigue al utilizarlo, mostrarle qué problemas soluciona. Para explicar al usuario estos ítems podemos incluir algunos casos de éxito, pero siempre con miras a formar y educar al prospecto y no apuntando directamente a la venta de nuestro segundo producto.

El otro objetivo que intentaremos conseguir es el de realizar una **PREVENTA** o, lo que es lo mismo, ir preparando al prospecto para la compra. Esta instancia se conoce como "precalentamiento". Cada uno conoce su negocio lo suficiente como para saber cuántos contactos con nuestro posible cliente hacen falta antes de que un prospecto realice una compra. Sin embargo, a continuación dejamos anotado un esquema de correos para que sirva de referencia.

Posible esquema de emails para la preventa

1. **Correo de agradecimiento (Se envía de inmediato):** es el primer correo de la secuencia, y solo debe incluir un llamado a la acción para descargar el producto por el cual se suscribió el prospecto. Es puro contenido que educa sobre cómo realizar la descarga.

2. **Tip sobre el producto (Se envía al día siguiente):** es contenido de valor para el usuario; en la posdata se añade una pequeña llamada a la acción para comprar el producto de nivel medio.

3. **Tip sobre el producto (Se envía 2 días después del anterior):** es contenido de valor para el usuario; en la posdata se añade una pequeña llamada a la acción para comprar el producto de nivel medio.

4. **Tip sobre el producto (Se envía 4 días después del anterior):** es contenido de valor para el usuario; en la posdata se añade una pequeña llamada a la acción para comprar el producto de nivel medio.

5. **Caso de estudio (Se envía 6 días después del anterior):** en esta instancia se incluye un caso de estudio en

el que el producto haya solucionado algún problema. Hacemos hincapié en los beneficios del mismo y al final del correo se añade una pequeña llamada a la acción para comprar el producto de nivel medio.

6. **Referencia directa al producto (Se envía 7 días después del anterior):** en este email hablamos directamente sobre el producto, sus características, beneficios e incluimos una llamada a la acción directa para la compra del producto medio.

7. **Testimonio (Se envía 10 días después del anterior):** enviamos una oferta directa para la compra del producto, acompañado de un testimonio de algún cliente satisfecho.

8. **Referencia directa al producto (Se envía 16 días después del anterior):** en este correo hablamos directamente sobre el producto, sus características, beneficios e incluimos una llamada a la acción directa para la compra del producto medio.

9. **Última llamada a la acción (Se envía 21 días después del anterior):**

finalmente tratamos la venta del producto fuerte, en forma directa.

Etapa 4 – Producto de nivel medio

OBJETIVOS DE ESTA ETAPA: en este momento buscaremos que el prospecto pase a ser cliente de pago. Otras tareas a realizar serán añadir valor al producto, segmentar la lista, construir relaciones y ¡prepararnos para la venta estrella!

¡Muy bien! Ya un grupo de personas que en la **etapa 2** del embudo descargaron el producto de entrada, siguieron leyendo nuestros correos, recibieron todo lo necesario para ganarnos su confianza y convertirnos en los expertos del sector que

107

ellos estaban buscando, realizarán su primera compra.

¿Ahora qué debemos hacer? Básicamente, lo que sigue es repetir el proceso anterior: continuar dando valor al cliente y llevarlo poco a poco hasta la oferta de nuestro producto principal o estrella, que es el objetivo de todo el embudo. Sin embargo, en esta etapa vamos a añadir un par de pasos más para emocionar a nuestros clientes y lograr que saquen sus tarjetas de crédito y COMPREN, sin pensar en la calidad del material que van a recibir.

Aquí nuevamente vamos a crear una *landing page* donde recibiremos todas las visitas que enviamos desde la secuencia de correo de la etapa anterior. De ser necesario, en esta página de aterrizaje podemos solicitar algo más de información, y con esos datos vamos a crear otra lista de correo. Dicho de otro modo, vamos a crear OTRA BASE DE DATOS, pero esta vez, FILTRADA y segmentada. En ella colocaremos única y exclusivamente a las personas que sabemos que están dispuestas a comprar nuestros productos. Y la estructura debe ser similar a la anterior: un buen título, descripción de la oferta, llamada a la acción, etc.

También podemos aportar más información en cuanto a los beneficios del producto. Es recomendable incluir un sentido de urgencia para aumentar las probabilidades de venta, como por ejemplo, cantidades limitadas, descuentos especiales, ofertas disponibles solo por algunos días, etc.

Otro detonante al momento de convencer al prospecto a realizar una compra es la entrega de bonos, o también, entregar más productos de los que el cliente va a pagar. Incluso es recomendable otorgar una garantía de compra, que dé al usuario mayor seguridad y confianza.

Ahora bien ¿cómo gestionamos nuestra lista de correo especializada? A continuación explicaremos todo el proceso paso a paso.

Secuencia de correo para los contactos de nuestra segunda lista de correo

1. **Agradecimiento y bienvenida:** inmediatamente después de que un prospecto realiza la compra, deberíamos enviarle un correo de bienvenida agradeciendo el haber comprado uno de nuestros productos. También este es el punto en el que debemos anticiparnos: antes de que el necesite hacer una pregunta, tendremos preparada una página con las  preguntas y respuestas más frecuentes de nuestro producto; y en este primer mensaje, incluiremos un enlace hacia ellas. Asimismo podemos incluir enlaces a otro tipo de información, como por ejemplo, a videos de entrenamiento o al formulario de contacto para otras consultas o asistencia técnica. Como sea, tenemos que intentar ser proactivos y hacerle saber a nuestro cliente que estamos ahí en todo momento que lo necesite.

En este correo podemos incluir una OFERTA DE MAYOR VALOR o, en inglés, *UpSell*. Ya sabemos que este cliente está dispuesto a comprar en nuestra página, así que podemos aprovechar la venta reciente y rentabilizar un poco más esa transacción. El mejor ejemplo para entender lo que es un *UpSell* es este: todos nosotros hemos ido alguna vez a un negocio de comida rápida; una vez que llegamos y hacemos nuestro pedido, por lo general escuchamos de la persona que nos está atendiendo algún tipo de oferta como: "¿le gustaría su refresco y papas fritas más grande por tan solo 1€ más?" Esta sencilla pregunta es lo que conocemos en el mundo del marketing como *UpSell*. Una vez que entendemos este concepto debemos aplicarlo a nuestro producto: si el prospecto ya compró, en este correo de bienvenida podemos ofrecerle cosas como:

• Ampliar la garantía.

- Otra forma de presentación del producto (por ejemplo, si adquirió un curso en PDF podemos ofrecerle una versión en video)
- Si es un Webinar, podemos tentar al cliente con la transcripción.
- Proponer un curso de nivel avanzado.

2. **Correo de seguimiento:** podemos enviar este correo un par de días después del de bienvenida para tener un contacto con el cliente y recordarle que estamos ahí para lo que necesite. Así, debemos ofrecerle nuevamente el enlace a nuestra página de preguntas frecuentes (FAQs). Además, como ya el cliente debe estar familiarizado con el producto que compró, es un buen momento para informarle sobre algún entrenamiento avanzado sobre el producto o un manual más completo sobre su funcionamiento.

3. **Solicitud de testimonios y sugerencias:** una vez que el cliente ha adquirido el producto y lo tiene en sus manos por al menos 5 días, es un buen momento para que llene una pequeña encuesta sobre el mismo. Este

cuestionario nos dará oportunidad de recoger testimonios así como información para mejorar nuestro producto con futuras actualizaciones. Pidamos al cliente su opinión y preguntémosle que fue lo que más le gustó, pero también qué le gustaría que se mejorara. Otra ventaja que podemos sacar de estas encuestas es saber qué otro tipo de producto o servicio podría interesar al cliente. Nunca debemos olvidarnos de pedirle permiso, al final, para usar su comentario como testimonio.

4. **Ayuda y otra oferta:** en este punto podemos enviar un mensaje al cliente destacando algo en particular de nuestro producto y ampliando la información sobre los beneficios de usar esa característica en especial. Como ahora ya debemos haber creado una estrecha relación con nuestro cliente, será un buen momento para ofrecerle un producto complementario o *venta cruzada*. Continuando con el ejemplo de la venta de comida rápida, la venta cruzada se daría cuando nos ofrecen un postre junto

al menú. Es decir que vamos a ofrecer otro producto que no está directamente relacionado con el nuestro pero que va a ayudar a mejorar la experiencia del usuario, o mejorará la solución que hemos ofrecido anteriormente.

5. **Bono no anunciado:** en este correo debemos entrar en contacto nuevamente con el cliente y dejarle ver que estamos contentos de que esté usando y explorando nuestro producto. Aquí tenemos la oportunidad de exceder sus expectativas dándole un extra totalmente gratis, un *bono no anunciado*, que él no esperaba recibir. El bono tiene que ser un producto de calidad excepcional y de valor real alto, tal como si lo vendiéramos por separado. Este paso es uno de los más eficientes a la hora de construir una relación de confianza con nuestro cliente.

Etapa 5 – Acompañemos al cliente

→OBJETIVO DE ESTA ETAPA: ahora trataremos de llevar de la mano al cliente durante el pre lanzamiento del *producto estrella*.

En esta etapa ya hemos configurado nuestra base de datos final, donde solo tenemos a clientes. Entonces vamos a prepararlos para la venta de nuestro producto principal, que es el que nos genera más ventas. No obstante, debemos tener en cuenta que ahora nuestra base de datos será más pequeña que al principio, ya que MUCHOS DE LOS PROSPECTOS SE QUEDARON A LO LARGO DEL CAMINO:

- Muchos entraron en la etapa 1 del embudo.
- En la etapa 2, un grupo de ellos descargará el producto de entrada.
- En la etapa 3, algunos dejarán de querer recibir nuestros correos y se darán de baja.
- Para la etapa 4, solo algunos prospectos de la etapa 3 se convertirán en clientes.

Aunque en esta etapa nuestro embudo no tiene tanta gente como al inicio, es ahora cuando vamos a generar la mayor cantidad de ingresos. El usuario que ha llegado hasta aquí está totalmente convencido de la calidad de nuestro producto o servicio, y por consiguiente la venta se realiza sola. De todas maneras, no debemos olvidar que hay que seguir trabajando en generar tráfico en la base más ancha del embudo para poder mantener vivo todo el proceso.

La secuencia de pre lanzamiento es muy similar a la secuencia de preventa que venimos haciendo en las etapas anteriores. Incluso podemos afirmar que, en algunos momentos, es exactamente igual; la parte que más diferencia una de la otra es que en la etapa de pre lanzamiento no vamos a tener la posibilidad de hacer un llamado a la acción en los correos, como lo hacíamos anteriormente. Esto solo podremos cumplirlo cuando nos estemos acercando a la fecha de salida del producto. Sin embargo, todavía podemos añadir enlaces a otros productos relacionados con la compra anterior.

Debemos recordar que en esta etapa nuestra intención es crear suspense y expectación. Antes de lanzar el producto, procuremos no dar demasiada información de una sola vez para crear curiosidad e interés, y así lograr que nuestro cliente esté a la espera del próximo correo. Podemos crear un halo de misterio alrededor del producto sencillamente pidiéndole a nuestro cliente que no filtre la información, ya que solo está reservada para unos pocos. Parece mentira, pero cuando procedemos así ¡en realidad sucede todo lo contrario! Provocaremos que se divulgue la información más rápidamente hacia nuestro producto estrella.

Como nos movemos en una etapa de pre lanzamiento, nuestra secuencia de email va a ser prácticamente la misma de una secuencia de preventa. Podemos incluir en la mitad del proceso un correo con algún testimonio, si es que lo tenemos antes de lanzar el producto. También, en el medio podemos enviar un correo con una pequeña muestra o demo del producto para que nuestros suscriptores puedan probarlo un poco. Y el último email debemos mandarlo el mismo día que vamos a lanzar nuestro producto. Se trata del último correo de preventa, donde damos un último empujón a la gente para llevarla a nuestra página de venta.

Ahora veamos cómo quedaría la secuencia:

1. Comenzar con el correo de agradecimiento y bienvenida.
2. Contar de qué se trata el producto. Podemos enviar este email dos días después del anterior; aquí comenzamos a crear misterio sobre el producto.
3. Enviar 2 o 3 correos adicionales con algo de información del producto. Podemos

mandarlos con 3, 4 y 6 días de diferencia entre ellos.

4. Dejar un correo con un testimonio de un cliente satisfecho del producto.
5. Terminar con el último correo el día del lanzamiento, cuando abrimos las puertas para que los clientes compren nuestro producto.

Etapa 6 – A sentarse y relajarse

➡ **OBJETIVOS DE ESTA ETAPA:** ver crecer nuestra cuenta bancaria.

¡Felicidades! Si ya estamos en esta etapa del embudo, nuestro negocio debe ir marchando muy bien. En este punto debemos ocuparnos de diagramar una secuencia de correo donde brindemos al cliente asistencia completa: información sobre cómo usar nuestro producto, tutoriales y soporte técnico.

Analicemos cómo sería esta secuencia de emails:

1. Correo de bienvenida y agradecimiento.
2. Correo con enlace a preguntas frecuentes y soporte técnico.
3. Correo de seguimiento: damos más información de valor sobre el uso del producto.
4. Correo de sugerencia y testimonio: igual que en las etapas anteriores, es un buen momento para solicitar un *feedback* del cliente acerca de nuestro producto.

Y AHORA... ¿PODEMOS IR MÁS ALLÁ?

¡Seguro que sí! Este sistema es replicable al 100% y podemos repetirlo en el tiempo todas las veces que queramos. Solo debemos ocuparnos de seguir creando

nuevas listas de suscripción y productos novedosos.

Además, debemos recordar que los clientes que han llegado a esta instancia, son nuestros clientes de tipo "A": ya nos conocen, conocen la calidad de nuestros productos y han pasado por todas las etapas de nuestro embudo de ventas. Así, con ellos podemos realizar tranquilamente ventas cruzadas y *UpSell*.

CONCLUSIÓN

Después de haber leído cada capítulo, hemos aprendido que la venta nunca se logra de manera directa, sino que para concretarla hay que ganarse al cliente. Así, fuimos recorriendo todo el proceso que va desde el ofrecerle algo gratis, luego un producto de mayor valor, ir contactándolo por correo electrónico…A medida que pasaba el tiempo, el usuario se habituaba a nosotros, conocía la marca, probaba algunos productos y finalmente ¡se decidió a elegirnos!

Con *El Embudo de Ventas* también logramos abrir nuestra mente a nuevas formas de promocionar y estimular el consumo, como las ventas cruzadas y el *UpSell*. Si bien las estrategias de marketing implican tiempo y dinero, aprendimos que a la larga (y en muchos casos, a la corta) nos brindan un listado de clientes interesados en comprar lo que ofrecemos. Y satisfechos con nuestros productos. Un negocio no es solo una oportunidad para generar ganancias, es también una forma de contribuir a solventar las necesidades de las personas. Solo tenemos que aprender a ver qué buscan y qué quieren.

¡Salud! Brindemos porque alcanzamos las ansiadas ventas, pero no nos quedemos dormidos en los laureles. Sigamos trabajando para que el cliente nos recuerde y, entre muchas otras opciones del mercado, se quede siempre con nosotros.

Regalo Sorpresa!!!

Descarga de forma gratuita el reporte donde explico cómo gane más de 18.000$ aplicando el embudo de ventas en 6 pasos.

Escanea este código QR desde tu Smartphone

O visita el siguiente enlace:

http://bit.ly/reporte18000

www.EscuelaDeMarketingDigital.com